Easy Greek

Puzzles

Julian Morgan

Edition 1.0.3

All photographs used in this book were taken
by the Author, with the sanction
of the institutions involved.

Any errors and omissions in this book are
the fault of the Author. They will be rectified
as soon as he becomes aware of them.

DEDICATION

For all those who work to keep this wonderful language alive

ACKNOWLEDGEMENTS

Thanks to all who helped in checking the manuscript of this book
and in particular, special thanks to Irini Sevastaki.

CONTENTS

Introduction

This book may or may not have a misleading title: few people find ancient Greek an easy language and even if you do, you may still not find the challenge of these puzzles especially simple. However, there are still some good reasons why the title can be justified.

In the first instance, the puzzles have been made from a limited set of vocabulary, common to most beginners' courses. At the back of the book, you will find two lists of words, one from Greek to English and one from English to Greek. Further to this, only the words which appear in bold are used in Part 1 of this book (puzzles 1 to 25) whereas the puzzles in Part 2 draw on the full word lists.

Please note that while breathings, iota subscripts and a very few accents may be used in clues, they do not appear anywhere in the solution grids or tables. Capitals have been used throughout in these, rather than lower case letters. In case your knowledge of capital letters is a bit rusty, however, you will find a list of them on the next page.

If you are going to be successful in completing the puzzles, you will have to be familiar with common (not contracted) verb endings in the active indicative, in the present, imperfect, aorist and future tenses, along with present tense active imperatives and infinitives. You will also need to be familiar with noun, pronoun and adjective endings and meanings of cases. Assuming this is the case, off you go and good luck with the puzzles!

The Greek Alphabet

α	A	alpha
β	B	beta
γ	Γ	gamma
δ	Δ	delta
ϵ	E	epsilon
ζ	Z	zeta
η	H	eta
θ	Θ	theta
ι	I	iota
κ	K	kappa
λ	Λ	lambda
μ	M	mu
ν	N	nu
ξ	Ξ	xi
o	O	omicron
π	Π	pi
ρ	P	rho
σ or ς	Σ	sigma
τ	T	tau
υ	Υ	upsilon
ϕ	Φ	phi
χ	X	chi
ψ	Ψ	psi
ω	Ω	omega

Part I
Puzzles based on short word list
(see back of book – but only the words in bold)

I   Derivations

See if you can complete the grid below and by so doing, find out the field of study which goes down the middle of the grid. All of the answers are derivations of original Greek words.

1. A name for foreigners, who can sound a bit wild (10)
2. The name of a training shoe, which means victory (4)
3. A judge needs to be this, when he sifts the evidence (8)
4. Treatment for healing an illness or condition (7)
5. It turns a little voice into a recording (10)
6. A study of living animals (7)
7. A large animal whose name means river-horse (12)
8. A single ruler, who can be a cruel master (6)
9. The system which allows people to govern a state (8)
10. A bride's gift to her husband (5)
11. A school subject which involves writing about the earth (9)
12. What a general needs to lead an army to victory (8)

The field of study is: ....

2   Myths wordsearch

Find the mythical characters from the list below, which have all been hidden in the grid. Words may go across, backwards, up, down or diagonally.

S	U	H	C	A	M	E	L	E	T	I	O
J	L	U	Y	I	P	A	E	D	E	M	R
D	R	U	P	E	R	S	E	U	S	N	F
H	F	B	H	N	M	C	U	C	O	O	P
E	K	J	A	S	O	N	E	N	L	M	O
C	J	A	S	E	N	M	M	O	O	E	L
T	E	S	S	L	M	E	Y	D	C	N	Y
O	P	C	U	C	M	A	O	O	A	E	P
R	O	S	I	A	B	M	I	N	L	L	H
O	L	I	G	R	R	O	K	R	Y	A	E
D	E	A	R	E	T	T	L	L	P	U	M
Y	N	A	C	H	I	L	L	E	S	S	U
S	E	S	U	E	S	S	Y	D	O	N	S
S	P	R	T	H	G	N	J	I	S	O	N

ACHILLES   HERACLES   PRIAM
AGAMEMNON   JASON   PENELOPE
CALYPSO   MEDEA   PERSEUS
CIRCE   MENELAUS   POLYPHEMUS
HECTOR   ODYSSEUS   TELEMACHUS

3   Greek to English crossword

The clues are in Greek but your answers should be in English.

Across

I.   λαμβανω (1,5)
5.   ἡλιῳ (2,3)
6.   εἰμι (1,2)
8.   πειθει (9)
10. & 3. Down
     τεκνῳ (2,1,5)
II. διωκε (5)
13. νησος (6)

Down

I.   ἐστι (Abbrev.) (3)
2. & 7. Down
     ἀγγελλε δεσποτην (8,1,6)
3.   See 10. Across (5)
4.   παυε ἐν (4,2)
7.   See 2. Down (6)
9.   ὁδοι (5)
12. και (3)

4   English to Greek crossword

The clues are in English but your answers should be in Greek.

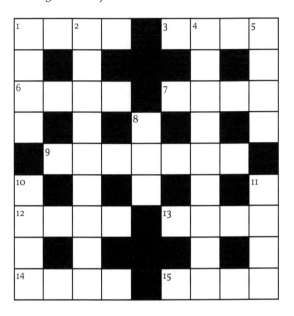

Across

I.   God (4)
3.   I stay (4)
6.   I will save (4)
7.   Of a road (4)
9.   Do I stop? (3,4)
12.   It is (4)
13.   Wise woman (4)
14.   O and (1,3)
15.   You (pl) are (4)

Down

I.   I will sacrifice (4)
2.   Not an army (2,7)
4.   Among slaves (2,7)
5.   O now (1,3)
8.   From (3)
10.   I say (4)
11.   O people (4)

5   Transliteration wordsearch

Find the words from the list below, which have all been hidden in the grid. You may encounter one small problem: these were all real Greek words once and they have been written here in their original language. Words may go across, backwards, up, down or diagonally.

A	*K*	*P*	*Σ*	*K*	*H*	*N*	*H*	*O*	*Π*	*M*	*A*
Γ	*K*	*P*	*I*	*Σ*	*I*	*Σ*	*Y*	*A*	*K*	*A*	*Φ*
H	*Λ*	*I*	*H*	*Λ*	*Λ*	*I*	*Γ*	*Λ*	*Λ*	*N*	*P*
P	*I*	*E*	*P*	*N*	*Ξ*	*Θ*	*Y*	*Φ*	*Π*	*I*	*Y*
Δ	*M*	*O*	*Γ*	*A*	*T*	*Δ*	*P*	*A*	*M*	*A*	*H*
Σ	*A*	*P*	*A*	*K*	*T*	*Ω*	*P*	*Y*	*I*	*Π*	*I*
B	*Ξ*	*X*	*K*	*P*	*H*	*Φ*	*Ξ*	*Θ*	*K*	*P*	*Γ*
N	*Ξ*	*H*	*O*	*O*	*Ω*	*E*	*Γ*	*A*	*Δ*	*Ξ*	*E*
K	*P*	*Σ*	*I*	*Π*	*M*	*O*	*K*	*Ω*	*Λ*	*O*	*N*
O	*X*	*T*	*P*	*O*	*E*	*Λ*	*I*	*Ω*	*Ξ*	*Θ*	*E*
M	*Δ*	*P*	*E*	*Λ*	*Γ*	*K*	*N*	*Ψ*	*Γ*	*T*	*Σ*
M	*E*	*A*	*Φ*	*I*	*A*	*P*	*H*	*P*	*P*	*Y*	*I*
A	*A*	*K*	*T*	*Σ*	*A*	*Y*	*M*	*E*	*Σ*	*Φ*	*Σ*
M	*B*	*H*	*T*	*A*	*N*	*H*	*A*	*Σ*	*Σ*	*T*	*K*

ACROPOLIS	CLIMAX	GENESIS
ACTOR	COLON	MANIA
ALPHA	COMMA	OMEGA
BETA	CRISIS	ORCHESTRA
CINEMA	DRAMA	SCENE

6   Greek to English crossword

The clues are in Greek but your answers should be in English.

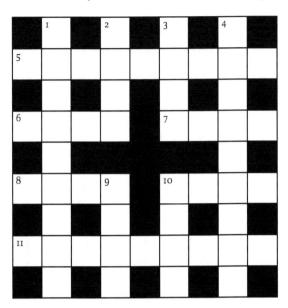

Across

5. ποταμου ὁδος (5,4)
6. ναυς (4)
7. και (4)
8. ἠν (1,3)
10. βιβλος (4)
11. ἠ προς (2,7)

Down

1. λογῳ (4,1,4)
2. ἐχε (4)
3. δενδρον (4)
4. σῳζε ὁδους (4,5)
9. παυε (4)
10. πλοιον (4)

7 English to Greek crossword

The clues are in English but your answers should be in Greek.

	1		2	3			4	
5						6		
			7		8			
9		10						11
12							13	
		14						
	15						16	
17				18		19		
			20					

Across

2. I lead (3)
5. On the one hand (3)
6 Through (3)
10. He says (5)
12. Not (2)
13. The things (Acc.) (2)
14 I was having (5)
17. Earth (Acc.) (3)
19. I sacrifice (3)
20. I will lead (3)

Down

1. Goddess (3)
3. Earth (2)
4. To (3)
7. For goddesses (5)
8. Strangers (5)
9. The man (Acc.) (3)
11. And (3)
15. The woman (Acc.) (3)
16. Set free! (3)
18. Out of (2)

8   Sudoku

You know how Sudoku works. All you have to do is to place numbers one to nine in each vertical and horizontal line and then make sure that each number appears once in each of the nine 3x3 squares. The difference here is that this is Greek Sudoku!

You use the numbers as below:

I	2	3	4	5	6	7	8	9
A	B	Γ	Δ	E	Z	H	Θ	I

Γ			Θ		H	A		
				Δ	Z	I		E
Θ		Δ			I			Γ
	B			Z	Θ		E	
I	E						H	Θ
	Δ		I	E			Z	
Z			A			Θ		Δ
E		A	B	I				
		I	Z		Γ	E		B

9   Greek to English crossword

The clues are in Greek but your answers should be in English.

Across

4. ἀγαθος (4)
7. κινδυνος (1,6)
8. θεραπευε (4)
9. ἐδιωξα (1,6)
11. ἱππων δημος (5,6)
15. λεγε παυε (3,4)
16. και (4)
17. ὦ δουλοι (1,6)
18. ποιητης (4)

Down

1. ὦ ἰατρε (1,6)
2. ἐν ὁδοις (2,4)
3. ἐχει και (2,5,4)
5. ὦ ἡλιε (1,3)
6. ἐργον (4)
10. και ἀνθρωποι (4,3)
12. θαλασσων (2,4)
13. ἐχε (4)
14. ἠσαν (4)

10   English to Greek crossword

The clues are in English but your answers should be in Greek.

Across

6. We will train (11)
7. It is (4)
8. They were (4)
9. A good man says (6,5)
10. Deeds (4)
12. Gods (4)
13. For books they are (7,4)

Down

1. For the market-places (4,7)
2. Roads (4)
3. They guard (11)
4. A wise woman (4)
5. They cure (11)
11. But (4)
12. He sacrifices (4)

11 Arrowword

All the clues are on the grid. The answers should all be in Greek.

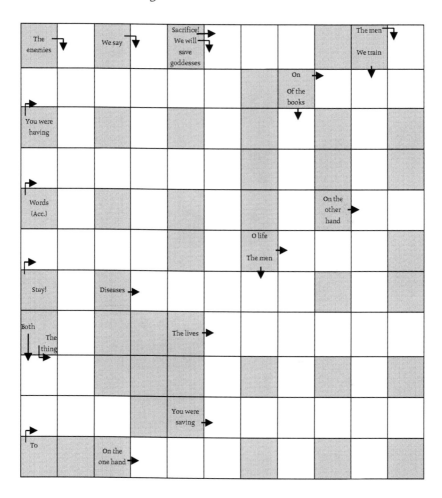

15

12   Terrible things for a slave

*The object of the puzzle is to find out which letter of the alphabet is represented by each of the 19 numbers used. You are given two words to start you off, so you can begin by entering any letters from these wherever they appear in the grid. Each word you make should be in good Greek. As you decode each letter, write it in the **Letters deciphered** table and cross it off in the **Letters used** table.*

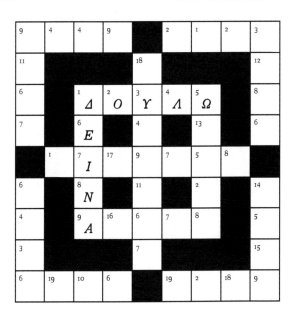

Letters deciphered

1	2	3	4	5	6	7	8	9	10	11	12	13	14	15	16	17	18	19
Δ	O	Υ	Λ	Ω	E	I	N	A										

Letters used

A̶	Γ	Δ̶	E̶	Z	I̶	K	Λ̶	N̶	Ξ	Θ̶	Π	P	Σ	T	Υ̶	Φ	X	Ω̶

13   Philosophers

See if you can complete the grid below and by so doing, find out the philosopher whose name goes down the middle of the grid.

1. From Miletus, said everything came from water (6)
2. From Miletus, talked about the "Boundless" (11)
3. Athenian writer of The Republic (5)
4. From Miletus, said everything came from air (10)
5. From Ephesus, said you can't step in the same river twice (10)
6. From Samos, identified the 3, 4, 5 right angled triangle (10)
7. From Abdera, identified the atom (10)
8. Gave his name to a philosophy of good-living (carpe diem) (8)
9. He said that man was the measure of all things (10)
10. From Stagira, invented biological classification (9)

The philosopher is: ....

14 English to Greek crossword

The clues are in English but your answers should be in Greek.

Across

I. He was saying (5)
4. Of the sun (5)
7. Fight (Acc.) (5)
8. Of horses (5)
9. From (3)
10. Islands (5)
12. Of disease (5)
14. We are (5)
17. Was goddess (2,3)
20. Not (3)
21. You had (5)
22. O gifts (1,4)
23. She will save (5)
24. Are the things? (3,2)

Down

I. If on the one hand (2,3)
2. You were having (5)
3. To be (5)
4. Sun (Acc.) (5)
5. Horse (5)
6. Of sleep (5)
11. But he (1,2)
13. Therefore (3)
14. You have (5)
15. Of fight (5)
16. Diseases (5)
17. The place (1,4)
18. I sacrifice the things (3,2)
19. Good things (5)

15 Gods wordsearch

Find the names of the gods listed below, which have all been hidden in the grid. Words may go across, backwards, up, down or diagonally. Warning! They are all written in Greek.

Α	Φ	Η	Φ	Α	Ι	Σ	Τ	Ο	Σ	Β	Ν
Γ	Π	Ο	Σ	Ε	Ι	Δ	Ω	Ν	Δ	Ω	Φ
Π	Γ	Ω	Η	Φ	Δ	Τ	Η	Α	Ε	Ρ	Σ
Ε	Ε	Σ	Τ	Ι	Α	Δ	Υ	Θ	Ω	Σ	Δ
Ρ	Ρ	Ω	Ρ	Υ	Φ	Θ	Ι	Η	Ρ	Α	Ι
Σ	Μ	Α	Π	Ο	Λ	Λ	Ω	Ν	Κ	Δ	Φ
Ε	Η	Ρ	Ω	Η	Λ	Θ	Κ	Η	Φ	Η	Θ
Φ	Σ	Τ	Σ	Ζ	Ε	Υ	Σ	Ρ	Ρ	Μ	Π
Ο	Φ	Ε	Α	Ρ	Η	Σ	Θ	Φ	Δ	Η	Λ
Ν	Θ	Μ	Ω	Φ	Α	Ρ	Σ	Ρ	Σ	Τ	Ο
Η	Η	Ι	Η	Δ	Ε	Ι	Ψ	Γ	Γ	Η	Υ
Ω	Ρ	Σ	Α	Σ	Φ	Ψ	Θ	Δ	Φ	Ρ	Τ
Η	Δ	Θ	Δ	Ι	Ο	Ν	Υ	Σ	Ο	Σ	Ω
Α	Φ	Ρ	Ο	Δ	Ι	Τ	Η	Κ	Λ	Ω	Ν

ΑΠΟΛΛΩΝ ΔΗΜΗΤΗΡ ΗΦΑΙΣΤΟΣ
ΑΡΗΣ ΔΙΟΝΥΣΟΣ ΠΕΡΣΕΦΟΝΗ
ΑΡΤΕΜΙΣ ΕΡΜΗΣ ΠΛΟΥΤΩΝ
ΑΦΡΟΔΙΤΗ ΕΣΤΙΑ ΠΟΣΕΙΔΩΝ
ΑΘΗΝΗ ΗΡΑ ΖΕΥΣ

16   Greek to English crossword

The clues are in Greek but your answers should be in English.

Across

6. τῷ δουλῳ (3,3,5)
7. ἐχε (4)
8. ἠ οὐ (2,2)
9. θεραπευε ναυτην (4,1,6)
10. σῳζε (4)
12. βιος (4)
13. ἠγαγε κινδυνον (2,3,6)

Down

1. ἐπαιδευσας (3,8)
2. παυε (4)
3. λεγει λογους (2,4,5)
4. και (4)
5. και ἐφυγες (4,3,4)
11. και (4)
12. γη (4)

17 English to Greek crossword

The clues are in English but your answers should be in Greek.

1	2			3		4		5	6	7
8								9		
		10								
11										
12									13	
		14								
15	16							17		
18							19			

Across

1. On (3)
5. The woman (Acc.) (3)
8. Between Phi and Psi (2)
9. By (2)
10. They were chasing (7)
11. We were taking (11)
12. A dear woman harms (4,7)
14. In boats (7)
15. At any rate (2)
17. The thing (2)
18. I will have (3)
19. Lands (3)

Down

1. Have! (5)
2. Between Omicron and Rho (2)
3. With the books (4,7)
4. Bad thing for the beautiful (5,6)
6. Was (2)
7. Island (Acc.) (5)
12. Flee! (5)
13. Horses (5)
16. Out of (2)
17. The things (2)

18   Sudoku

You know how Sudoku works. All you have to do is to place numbers one to nine in each vertical and horizontal line and then make sure that each number appears once in each of the nine 3x3 squares. The difference here is that this is Greek Sudoku!

You use the numbers as below:

1	2	3	4	5	6	7	8	9
A	B	Γ	Δ	E	Z	H	Θ	I

Θ				H			I	E
Z	E		Δ		B		Θ	Γ
H			E	Θ	Z		Δ	
			B		Δ	Θ		
	Θ	E	Z	A	H			
			Θ	E		B	A	
	B					A	Γ	Z	I
Δ		Z			Θ			
	H	I			E	Δ	B	Θ

19   It will stop things

Try to fit all the Greek words and phrases into the grid below. Two of them have been done for you, to get you started.

Two letters	Three letters	Four letters	Six letters	Eleven letters
ΠΙ	ΤΟΥ	ΑΓΕΙ	ΕΧΟΥΣΙ	ΕΘΕΡΑΠΕΥΕΤΕ
ΤΑ	ΥΠΟ	ΕΙΜΙ	~~ΠΑΥΣΕΙ~~	ΕΙΠΕΙΘΩ ΘΕΑΣ
ΤΟ		~~ΕΡΓΑ~~	ΠΕΜΠΕΙ	ΕΙΣ ΚΙΝΔΥΝΟΝ
ΤΩ		ΘΕΑΝ	ΣΩΖΕΙΝ	ΣΩΣΕΙΣ ΥΠΝΟΝ
		ΤΟΥΣ	ΤΑΣ ΓΑΣ	
		ΖΩΟΥ	ΩΝΑΥΤΑ	

20 Greek to English crossword

The clues are in Greek but your answers should be in English.

Across

1. ἤγαγον (4,7)
5. ὡς (2)
9. ὁ (2)
10. γῃ (2,5)
11. ἤ (2)
12. ἐστι (2)
13. ἀγαθῳ (3,4)
14. Between μ and ξ (2)
15. εἰς (2)
16. ἐγραψε (2,5)
17. Between λ and ν (2)
18. ἀνα (2)
21. οὐκ εἰς νησον (3,2,6)

Down

1. νεανιᾳ (2,1,5,3)
2. ὑπο (2)
3. ἐπι (2)
4. ἐπαυσαν (4,7)
6. οἰκιαις (2,5)
7. κινδυνοι (7)
8. ἐν πλοιοις (2,5)
19. οὐ (2)
20. ἐστι (2)

24

21   English to Greek crossword

The clues are in English but your answers should be in Greek.

Across

3. I flee (5)
6. We were sacrificing (7)
8. For the men (4)
10. I say (4)
12. He says horses (5,6)
13. Beautiful things (4)
14. The men (Acc.) (4)
17. For wisdom (2,5)
19. Wise woman (Acc.) (5)

Down

1. I run (3)
2. The thing (2)
3. He flees fight (6,5)
4. In (2)
5. O danger (1,7)
7. By (2)
9. For brothers (8)
10. She sets free (4)
11. Arms (4)
15. On (2)
16. Lands (Acc.) (3)
17. For the woman (2)
18. Not (2)

Greek to English crossword

The clues are in Greek but your answers should be in English.

Across

7. τῳ στρατιωτῃ (3,3,7)
8. ἀλλα θαλασσα (3,3)
9. δια τί εἰσι (3,3)
10. δωρον (1,4)
13. ἐν (5)
15. ἀλλα (3)
16. ἐργον (1,4)
17. και προς (3,2)
20. εἰ και (2,4)
22. εἰς δενδρον (2,4)
24. ἐλεγε (2,3,8)

Down

1. εἰς κριτην φευγομεν (2,5,2,4)
2. ἐστι (2,2)
3. λεγομεν (2,3)
4. νυν ἡμεις (3,2)
5. ἡμερα (1,3)
6. οὐκ ἐσμεν (2,3,3,5)
11. γαρ (3)
12. ἡλιος (3)
14. ἀνθρωποι (3)
18. ἱππος (5)
19. ἠγαγε (2,3)
21. ἀγε (4)
23. λαμβανε (4)

23 English to Greek crossword

The clues are in English but your answers should be in Greek.

Across

7. Day in heaven (5,2,6)
8. Or island (Acc.) (1,5)
9. They led (6)
10. They on the one hand (2,3)
13. People (5)
15. Lead! (3)
16. You were having (5)
17. I will persuade (5)
20. Difficult things (6)
22. Of boats (6)
24. The soldier (Acc.) (3,10)

Down

1. We were the just (4,2,7)
2. Towards (4)
3. Terrible things (5)
4. Wise woman (Acc.) (5)
5. Deeds (4)
6. In words a voice (Acc.) (2,6,5)
11. Have! (3)
12. The land (1,2)
14. You were (3)
18. Long things (5)
19. On the things (3,2)
21. They are (4)
23. Of roads (4)

24   Greek to English crossword

The clues are in Greek but your answers should be in English.

Across

8. ἔσχες (3,3)
9. καλη στρατια (4,4)
10. ἤγον (4,4,7)
12. ἡ θαλασσαι (2,4)
13. και (4)
14. και (3)
15. ἤ (2)
16. θαλασσα (3)
18. λαμβανε (7)
19. ἀνθρωποι (3)
21. ἡμεις (2)
23. και (3)
24. ἐχε (4)
26. ἀλλα ἡλιος (3,3)
27. ἤγαγε τον βαρβαρον (3,3,9)
30. ἠγγελλε (8)
31. δενδρου (2,4)

Down

1. ἱππῳ (3,5)
2. ἤγαγον (4,3)
3. ὠ ἐργα (1,5)
4. εἰ ἐχει τας γας (2,2,3,3,5)
5. ἐν θαλασσαις (2,4)
6. ἐιπε (4)
7. ἀνθρωπος (1,3)
11. βλαπτω (1,4)
17. λογος (1,4)
20. ἐπαιδευσε (8)
22. ἐγραψε (2,5)
25. θανατος (1,5)
26. βιβλῳ (2,4)
28. και (4)
29. ἐλαβε (4)

25 English to Greek crossword

The clues are in English but your answers should be in Greek.

Across

8.   With bad women (6)

9.   Of courage (8)

10. The brother the judge (1,7,1,6)

12. Lack of wisdom (6)

13. Too much (4)

14. And (3)

15. In (2)

16. Through (3)

18. The men (Acc.) of earth (4,3)

19. From (3)

21. Land (2)

23. Have (3)

24. Wise woman (4)

26. He threw (6)

27. A stranger, terrible, am I (5,6,4)

30. You were peoples (3,5)

31. I was stopping (6)

Down

1.   Seas (8)

2.   O brother (1,6)

3.   The wisdom (1,5)

4.   In the lands or suns (4,4,1,6)

5.   Injustice (6)

6.   Gods (4)

7.   Fight (4)

11. Children (5)

17. To lead (5)

20. Enemy (Acc.) (8)

22. Difficult women (7)

25. Not for the people (2,4)

26. We will have (6)

28. You are (4)

29. Nor (4)

Part 2
Puzzles based on full word list
(see back of book)

26   Famous places

See if you can complete the grid below and by so doing, find out the place name which goes down the middle of the grid.

1. Its famous king was Leonidas (6)
2. The home of King Oedipus (6)
3. Where Apollo's best known oracle could be found (6)
4. The modern name of this island is Corfu (7)
5. The hot springs where Xerxes met Leonidas (11)
6. Where Hector and Achilles fought (4)
7. The famous town on the Isthmus (7)
8. The home of Theseus, Solon and Socrates (6)
9. Agamemnon was its king (7)
10. The legendary island home of Homer (5)
11. Theseus met the Minotaur on this island (5)

The place name is: ....

27 Writers wordsearch

Find the names of the Greek writers from the list below, which have all been hidden in the grid. Words may go across, backwards, up, down or diagonally.

S	E	N	A	H	P	O	T	S	I	R	A
T	R	E	U	R	I	P	I	D	E	S	S
H	O	M	S	E	L	C	O	H	P	O	S
S	M	E	N	A	N	D	E	R	H	E	S
E	S	U	T	O	D	O	R	E	H	R	E
N	R	O	M	O	H	R	E	M	O	H	R
E	E	S	S	U	L	Y	H	C	S	E	A
H	T	H	U	C	Y	D	I	D	E	S	D
T	O	S	O	P	H	H	E	S	I	I	N
S	P	E	A	H	A	E	S	O	P	O	I
O	H	R	E	I	P	L	A	T	P	D	P
M	M	A	R	I	S	T	O	T	L	E	R
E	E	R	T	O	S	Y	O	T	L	R	E
D	N	E	R	M	L	Y	L	S	T	L	E

AESCHYLUS	EURIPIDES	MENANDER
AESOP	HERODOTUS	PINDAR
ARISTOPHANES	HESIOD	PLATO
ARISTOTLE	HOMER	SOPHOCLES
DEMOSTHENES	LYSIAS	THUCYDIDES

28   Greek to English crossword

The clues are in Greek but your answers should be in English.

Across

5. βαινομεν (2,2)
6. ἠγαγον (1,3)
7. οὐ (3)
8. ἀποθνῃσκει (4)
9. θεραπευε (4)
10. ἐφυγε (4)
12. πολεμος (1,3)
13. & 15. Across
    οἱος τ᾽ εἰμι (1,2,4)
14. (ὁ) αὐτος (4)
15. See 13. Across (4)

Down

1. λεξει (2,4,3)
2. υἱοι (4)
3. μετα (4)
4. οἱος τ᾽ ἦν (2,3,4)
11. ἀπεθανε (4)
12. ἀνθρωπος (1,3)

29   English to Greek crossword

The clues are in English but your answers should be in Greek.

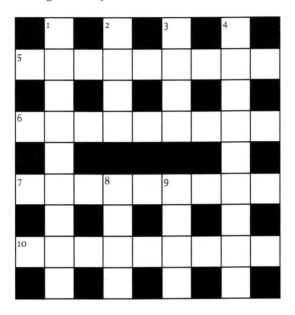

Across

5. A free man (Acc.) (9)
6. Arms stay (4,5)
7. Falling (verbal noun) (2,7)
10. For masters (9)

Down

1. We harm (9)
2. Things themselves (4)
3. Say! (4)
4. For enemies (9)
8. For a horse (4)
9. Then (4)

Transliteration Wordsearch

Find the words from the list below, which have all been hidden in the grid. You may encounter one small problem: these were all real Greek words once and they have been written here in their original language. Words may go across, backwards, up, down or diagonally.

A	E	M	Φ	A	Σ	I	Σ	Φ	K	Λ	Δ
X	Ψ	Π	A	P	A	Λ	Y	Σ	I	Σ	E
Ω	Ξ	A	M	A	Z	Ω	N	K	P	T	Λ
K	E	P	H	A	P	Ω	M	A	H	Γ	T
A	M	E	T	P	O	Π	O	Λ	I	Σ	A
T	A	N	I	B	Ω	Ω	T	Y	Σ	K	P
A	I	Θ	H	A	E	P	A	Ω	O	P	Γ
Σ	P	E	H	Σ	Φ	X	Σ	E	Σ	I	Σ
T	E	Σ	Σ	I	Δ	E	P	P	K	T	A
P	E	I	I	Σ	H	Π	I	Ω	E	H	B
O	Ω	Σ	Θ	Y	Ξ	K	K	I	Λ	P	Ψ
Φ	E	T	Φ	Θ	E	Σ	I	Σ	H	I	Δ
H	A	Σ	Φ	Y	Ξ	I	A	Θ	Σ	O	E
P	A	N	A	Λ	Y	Σ	I	Σ	B	N	Θ

AMAZON	CATASTROPHE	METROPOLIS
ANALYSIS	CRITERION	PARALYSIS
AROMA	DELTA	PARENTHESIS
ASPHYXIA	EMPHASIS	PI
BASIS	ISOSCELES	THESIS

31   Greek to English crossword

The clues are in Greek but your answers should be in English.

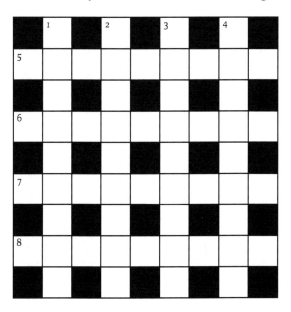

Across

5. ἐστιν οὐδεν (2,7)
6. ἐμεινα (1,8)
7. οὐν πρασσομεν (3,2,2,2)
8. λυομεν (2,3,4)

Down

1. ξενος (1,8)
2. δεσποτῃ (2,1,6)
3. ἐστι γυνη (3,2,4)
4. ὀργῃ ἀπεθανε (5,4)

32   English to Greek crossword

The clues are in English but your answers should be in Greek.

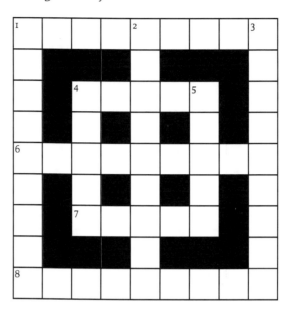

Across

1. You were harming (9)
4. For whom (Pl.) (5)
6. You ordered (9)
7. It will save (5)
8. Wise we were (5,4)

Down

1. You were sleeping (9)
2. He will trust (9)
3. We will find (9)
4. Three (5)
5. Islands (5)

33 Sudoku

You know how Sudoku works. All you have to do is to place numbers one to nine in each vertical and horizontal line and then make sure that each number appears once in each of the nine 3x3 squares. The difference here is that this is Greek Sudoku!

You use the numbers as below:

I	2	3	4	5	6	7	8	9
A	B	Γ	Δ	E	Z	H	Θ	I

Θ		E	I		Z			H
	I	Γ		H		E		Z
	Δ			E			B	
				Δ				E
	Γ	Θ		I		H	A	
H		I			A	Γ		
				A	I			Θ
		Δ			H			
E	A	Z			B	Δ	H	

34   Greek to English crossword

The clues are in Greek but your answers should be in English.

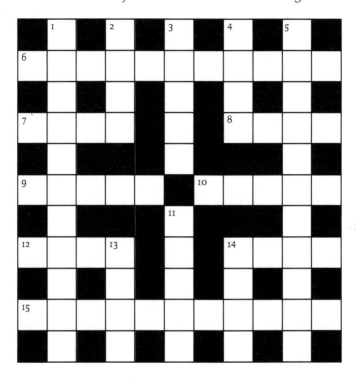

Across

6. ὑπο του γεροντος (2,3,3,3)
7. ἀπεθανε (4)
8. και (4)
9. ἐλαβον (1,4)
10. δωρον (1,4)
12. βαινομεν (2,2)
14. εἰπε (4)
15. Ἀθηναιοις (2,9)

Down

1. ἐμος ὀλιγος υἱος (2,6,3)
2. ἐκρυψα (1,3)
3. γυναικες (5)
4. ἀποθνῃσκω (1,3)
5. ἐχε φιλον (4,1,6)
11. ὀνοματα (5)
13. ἐπι (4)
14. ναυς (4)

35 English to Greek crossword

The clues are in English but your answers should be in Greek.

Across

1. You were (3)
3. To lead (5)
6. You were sacrificing to others (F.) (5,6)
8. To kill (11)
9. Prizes for judges (4,7)
13. A terrible man you set free (6,5)
14. I lead as (3,2)
15. For one man (3)

Down

1. Day (5)
2. They are for children (4,7)
3. Other books (5,6)
4. He was stopping (5)
5. Disease (Acc.) (5)
7. By (3)
9. Man (Acc.) (5)
10. I will leave (5)
11. Lead! (3)
12. She will save (5)

36 Arrowword

All the clues are on the grid. The answers should all be in Greek.

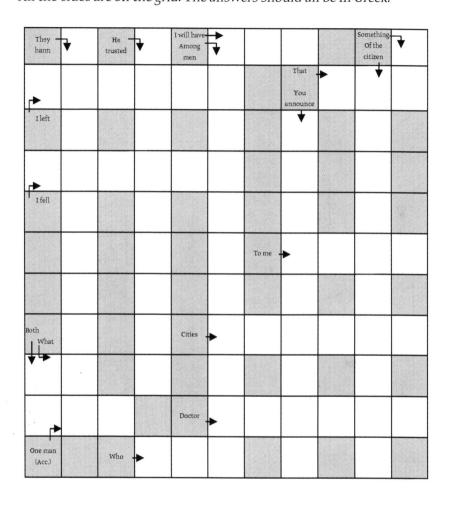

37 You have the first things

*The object of the puzzle is to find out which letter of the alphabet is represented by each of the 16 numbers used. You are given two words to start you off, so you can begin by entering any letters from these wherever they appear in the grid. Each word you make should be in good Greek. As you decode each letter, write it in the **Letters deciphered** table and cross it off in the **Letters used** table.*

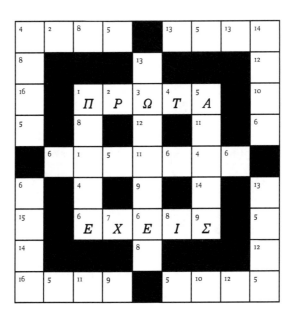

Letters deciphered

1	2	3	4	5	6	7	8	9	10	11	12	13	14	15	16
Π	P	Ω	T	A	E	X	I	Σ							

Letters used

~~A~~	B	~~E~~	H	Θ	~~I~~	K	Λ	N	~~Π~~	~~P~~	~~Σ~~	~~T~~	Y	~~X~~	~~Ω~~

44

38   Mythical women

See if you can complete the grid below and by so doing, find out whose name it is which goes down the middle of the grid.

1.   The mother and wife of Oedipus (7)
2.   Her beauty caused the Trojan War (5)
3.   She was chased by Apollo and turned into a laurel tree (6)
4.   She was given a box and told not to open it (7)
5.   The wife of Odysseus (8)
6.   A witch who helped Jason win the Golden Fleece (5)
7.   The daughter of Agamemnon and Clytemnestra (7)
8.   The wife of Orpheus, whom he tried to save from death (8)
9.   The mother of the Minotaur (8)

The woman in the grid is: ....

English to Greek crossword

The clues are in English but your answers should be in Greek.

Across

4.	Of a stranger (5)
7.	She will want (8)
8.	Animals (3)
9.	In the word (2,2,4)
10.	You were (4)
12.	Of one man (4)
16.	The death (1,7)
18.	Now (3)
20.	The army (1,7)
21.	In ships (5)

Down

1.	Goddess (3)
2.	Of ships (4)
3.	Of peoples (5)
4.	A stranger (Acc.) (5)
5.	If (2)
6.	Of water (6)
8.	Of animals (4)
9.	To (3)
10.	Was one in (2,2,2)
11.	God (Acc.) (4)
13.	Men whom (3)
14.	With children (5)
15.	Long things (5)
17.	Neither (4)
19.	And (3)
20.	Of which woman (2)

40   Athenian generals wordsearch

Find the words from the list below, which have all been hidden in the grid. You may encounter one small problem: they have all been written in Greek.

A	Λ	K	I	B	I	A	Δ	H	Σ	Θ	A
B	Γ	Λ	Φ	O	P	M	I	Ω	N	H	Π
Δ	Σ	E	Σ	N	I	K	I	A	Σ	P	E
Δ	O	Ω	Ξ	H	M	Σ	X	K	Ξ	A	P
H	Φ	N	N	E	Ω	Ξ	O	I	Π	M	I
M	O	X	B	Ψ	N	N	M	M	Y	E	K
O	K	Z	Π	Δ	Ω	O	N	Ω	Λ	N	Λ
Σ	Λ	A	P	N	A	Π	Φ	N	K	H	H
Θ	H	E	P	T	Γ	Δ	O	Ω	O	Σ	Σ
E	Σ	Λ	A	M	A	X	O	Σ	N	Ω	Ω
N	Θ	E	M	I	Σ	T	O	K	Λ	H	Σ
H	B	Φ	M	I	Λ	T	I	A	Δ	H	Σ
Σ	Θ	P	A	Σ	Y	B	O	Y	Λ	O	Σ
Θ	P	A	Σ	Y	Λ	Λ	O	Σ	H	Γ	Δ

ALCIBIADES	MILTIADES	THEMISTOCLES
CIMON	NICIAS	THERAMENES
CLEON	PERICLES	THRASYBULUS
CONON	PHORMIO	THRASYLLUS
DEMOSTHENES	SOPHOCLES	XENOPHON
LAMACHUS		

41 Greek to English crossword

The clues are in Greek but your answers should be in English.

Across

5. ποιηται (5)
7. ἡ δ'ἐστιν (3,2)
10. πιστευει (3,6)
11. ἐστε (2)
12. εἰς (2)
13. πιστευε (7)
14. μεταξυ ὀμικρον και ῥω (2)
16. ἡμεις (2)
17. ἡγεμονι (2,1,6)
18. λογοι (5)
20. θανατος (5)

Down

1. ἱππος (5)
2. ἐστι (2)
3. ὡς (2)
4. πρωτος (5)
6. ὁ κηρυξ (3,6)
8. ὁ δ'ἐσωσε με (2,5,2)
9. ἐπαιδευσε (7)
15. ἐλαβον (1,4)
16. γραφε (5)
19. οὐν (2)
20. πρασσε (2)

42 English to Greek crossword

The clues are in English but your answers should be in Greek.

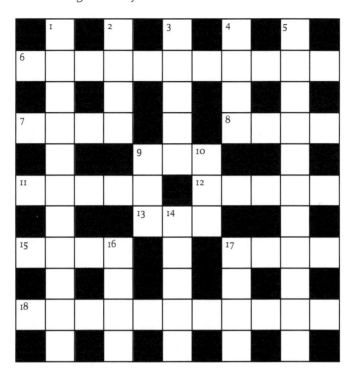

Across

6. We ordered (11)
7. Prizes (4)
8. Of us (4)
9. One woman (3)
11. Not two (2,3)
12. Child (Acc.) (5)
13. By (3)
15. Only things (4)
17. Water (4)
18. We heal (11)

Down

1. We were sleeping (11)
2. But (4)
3. They themselves (5)
4. A fine woman (4)
5. An old man chases (5,6)
9. Of me (3)
10. From (3)
14. You are present (5)
16. Too much (4)
17. Son (4)

43   Sudoku

You know how Sudoku works. All you have to do is to place numbers one to nine in each vertical and horizontal line and then make sure that each number appears once in each of the nine 3x3 squares. The difference here is that this is Greek Sudoku!

You use the numbers as below:

I	2	3	4	5	6	7	8	9
A	B	Γ	Δ	E	Z	H	Θ	I

		A		Δ		Θ	Γ	
Θ			H				Z	
				A				
			Θ					
B	H		E	I	Δ		Θ	
Δ		Z			B	H		
A							B	Z
		I	Γ					Θ
Z			Δ				A	E

44   Twice terrible for the city

Try to fit all the Greek words and phrases into the grid below.

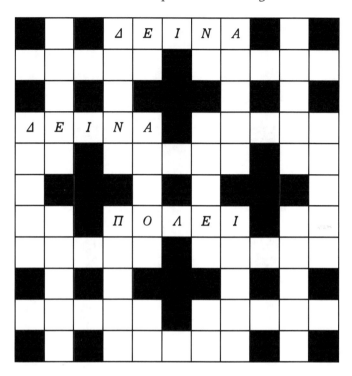

Two letters	Five letters		
αἱ	ἀγεις	δουλῳ	μικρε
ἁς	ἀλλοι	ἐσμεν	νικης
δε	ἀνδρα	εὑρες	οἰκια
δη	~~δεινα~~	ἡ γυνη	οὐδεν
ἐν	~~δεινα~~	ἠλθες	~~πολει~~
ἠν	δεινη	ἱππον	πολιν
ἡς	δημος	ἱππος	σοφια
ὁς	δουλε	μενει	σοφοι

45 Greek to English crossword

The clues are in Greek but your answers should be in English.

Across

7. παρασκευασει (2,4,7)
8. ἐνταυθα (4)
9. οἱος τ᾽ ἐστιν (3)
10. ὀνομα (4)
11. ἐμε (2)
12. βαινε (2)
14. λεγομεν (2,3)
17. νυξ (5)
19. λεγε (3)
20. γαι (5)
22. εἰμι γεραιος (2,3)
23. ἐπι (2)
25. αὐτο (2)
26. ἐφυγε (4)
28. ἐξω (3)
29. ἀκουε (4)
30. και εὑρισκεις ἀνδρας (3,3,4,3)

Down

1. ἐπιπτομεν (2,4,7)
2. χρονος (4)
3. χωρα (5)
4. ἀγε (5)
5. ἐπι (4)
6. ἀπο του ἡγεμονος (4,3,6)
11. ἐμος (2)
13. ἐπι (2)
15. και (3)
16. ἐκαθισε (3)
18. εἰμι (1,2)
21. οὐν (2)
22. ἐν (2)
24. οὐδεις ἡλιος (2,3)
25. ἐκρυψε (2,3)
27. ἡμεραι (4)
29. κρυπτε (4)

46   English to Greek crossword

The clues are in English but your answers should be in Greek.

Across

1. For the death of him (2,6,5)
8. He has (4)
9. Through (3)
10. It (4)
13. Land (2)
14. Of trees (7)
15. For the man (2)
18. They die (13)
19. At any rate (2)
20. Not by much (2,5)
21. The things (2)
24. He sets free (4)
25. Lands (Acc.) (3)
26. He is (4)
29. You were preventing a terrible man (7,6)

Down

1. Report the deeds (2,4,7)
2. She sacrifices (4)
3. By (2)
4. For the masters (4,9)
5. The women (2)
6. The men (Acc.) (4)
7. By the young men (3,3,7)
11. Terrible men (Acc.) (7)
12. For the slave (2,5)
16. The man (Acc.) (3)
17. O you (1,2)
22. I stay (4)
23. They were (4)
27. You (2)
28. But (2)

47   Greek to English crossword

The clues are in Greek but your answers should be in English.

Across

6. ἀπο της ὁδου (4,3,4)
7. θεραπευει (5)
9. ὁ δ᾽ ἦν (2,3)
10. φιλει (5)
11. ἀνηρ (3)
12. αὑτης (3)
13. ἐκρυψε ἐν (3,2)
15. φευγει (5)
16. οὐκ ἐν (3,2)
18. λαμβανομεν ποιητας (2,4,5)

Down

1. κελευε συμμαχους (5,6)
2. ὀλιγος (5)
3. δια τί (3)
4. δενδρα (5)
5. βλαπτε δωρα (6,5)
8. υἱος ἐστι (3,2)
9. οἱος τ᾽ ἐστιν (2,3)
13. ἐσχε (2,3)
14. θεῳ (2,3)
17. ἠγαγε (3)

48 English to Greek crossword

The clues are in English but your answers should be in Greek.

Across

7. Wise the men (5,2,6)
8. You are (4)
9. I (3)
10. Ships (4)
11. To one of the men (3,3)
13. We lead (6)
15. Towards me (4,2)
17. Judges (6)
18. With sleep (5)
20. For (3)
21. You (Acc.) (4)
22. In houses of judge (7,6)

Down

1. For the men (4,9)
2. O fear (4)
3. Of cities (6)
4. The gifts (2,4)
5. Road (Acc.) (4)
6. She orders a good man (7,6)
12. Who (3)
14. That (3)
16. In deeds (6)
17. For a herald (6)
19. O life (1,3)
21. For you (4)

49   Greek to English crossword

The clues are in Greek but your answers should be in English.

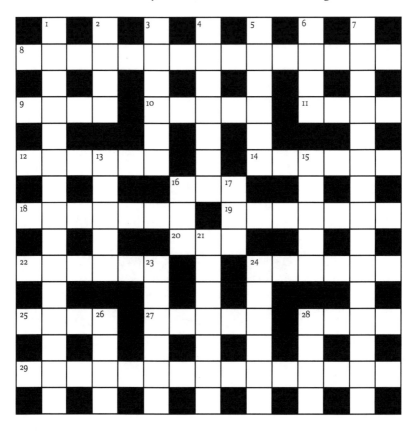

Across	Down

Across

8. ἦτε αἱ γυναικες (3,4,3,5)
9. μενε (4)
10. καθιζομεν (2,3)
11. ἦ (4)
12. εἰς πολεμους (2,4)
14. ἐκαθισας (3,3)
16. ἐσχε (3)
18. εἰς ἀγοραν (2,5)
19. εἰμι οὐδεις (2,5)
20. λεγε (3)
22. ὦ γη (1,5)
24. ἡλιου τινος (2,1,3)
25. εὑρισκε (4)
27. θαλασση (2,3)
28. παλιν (4)
29. ἐσωσαν τινα (4,5,6)

Down

1. ἐλαβες μιαν νυκτα (3,4,3,5)
2. ὁδος τις (1,3)
3. ἢ ἐγω ἠν (2,1,3)
4. ἐστι θαλασσα (2,2,3)
5. μενομεν (2,4)
6. See 15. Down (4)
7. ὁ δ᾽ ἠγγελλε (2,3,10)
13. ὀργη (5)
15. and 6. Down
    ἐπι πλοιου τινος (4,1,4)
16. ἐχει (3)
17. ἡμερα (3)
21. δεσποτης τις (1,6)
23. ἐτυψε (2,4)
24. ἀνδρος (2,1,3)
26. ἡμεραι (4)
28. παιδες (4)

57

50   English to Greek crossword

The clues are in English but your answers should be in Greek.

Across

1. Of one woman (4)
6. He was sacrificing (4)
9. For a king (7)
10. It (4)
12. In lands (4)
13. The women (2)
14. Hear! (5)
15. You are (2)
18. O stranger (4)
20. For father (5)
22. Anger (4)
23. They lead now for the people (6,3,2,4)
24. Life (Acc.) (4)
25. For a good man (5)
26. For disease (4)
28. You (Acc.) (2)
30. Of a fine thing (5)
32. On the other hand (2)
35. Son (Acc.) (4)
36. We were (4)
37. You heard (7)
38. I went (4)
39. Life (4)

Down

1. One woman (Acc.) (4)
2. The things (4)
3. Down (4)
4. They were having the others (5,4,6)
5. Say! (4)
7. Goddesses (4)
8. They are (4)
11. The men (2)
12. At any rate (2)
16. To flee (7)
17. To leaders (7)
19. I was sacrificing (5)
20. Child (Acc.) (5)
21. For a doctor (5)
22. Nothing (5)
27. She found (4)
28. Wise woman (4)
29. One thing (2)
30. Bad things (4)
31. You (Acc.) (4)
32. Indeed (2)
33. To me (4)
34. Of one man (4)

Solutions

1 Derivations

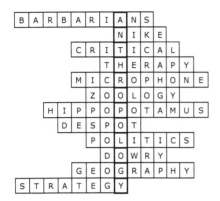

B	A	R	B	A	R	I	A	N	S			
					N	I	K	E				
		C	R	I	T	I	C	A	L			
			T	H	E	R	A	P	Y			
	M	I	C	R	O	P	H	O	N	E		
		Z	O	O	L	O	G	Y				
H	I	P	P	O	P	O	T	A	M	U	S	
	D	E	S	P	O	T						
		P	O	L	I	T	I	C	S			
			D	O	W	R	Y					
		G	E	O	G	R	A	P	H	Y		
S	T	R	A	T	E	G	Y					

The answer: Anthropology

2 Myths wordsearch

S	U	H	C	A	M	E	L	E	T	I	O
J	L	U	Y	I	P	A	E	D	E	M	R
D	R	U	P	E	R	S	E	U	S	N	F
H	F	B	H	N	M	C	U	C	O	O	P
E	K	J	A	S	O	N	E	N	L	M	O
C	J	A	S	E	N	M	M	O	O	E	L
T	E	S	S	L	M	E	Y	D	C	N	Y
O	P	C	U	C	M	A	O	O	A	E	P
R	O	S	I	A	B	M	I	N	L	L	H
O	L	I	G	R	R	O	K	R	Y	A	E
D	E	A	R	E	T	T	L	L	P	U	M
Y	N	A	C	H	I	L	L	E	S	S	U
S	E	S	U	E	S	S	Y	D	O	N	S
S	P	R	T	H	G	N	J	I	S	O	N

3 Greek to English crossword

		I	C	A	T	C	H	
S		T		N		H		
T	O	S	U	N		I	A	M
O			O		L		A	
P	E	R	S	U	A	D	E	S
A		O		N			T	
T	O	A		C	H	A	S	E
	D		E		N		R	
	I	S	L	A	N	D		

4 English to Greek crossword

Θ	E	O	Σ		M	E	N	Ω
Y		Y			N		N	
Σ	Ω	Σ	Ω		O	Δ	O	Y
Ω		T		A		O		N
	A	P	A	Π	A	Y	Ω	
Λ		A		O		Λ		Δ
E	Σ	T	I		Σ	O	Φ	H
Γ		I			I		M	
Ω	K	A	I		E	Σ	T	E

5 Transliteration wordsearch

A	K	P	Σ	K	H	N	H	O	Π	M	A
Γ	K	P	I	Σ	I	Σ	Y	A	K	A	Φ
H	Λ	I	H	Λ	Λ	I	Γ	Λ	Λ	N	P
P	I	E	P	N	Ξ	Θ	Y	Φ	Π	I	Y
Δ	M	O	Γ	A	T	Δ	P	A	M	A	H
Σ	A	P	A	K	T	Ω	P	Y	I	Π	I
B	Ξ	X	K	P	H	Φ	Ξ	Θ	K	P	Γ
N	Ξ	H	O	O	Ω	E	Γ	A	Δ	Ξ	E
K	P	Σ	I	Π	M	O	K	Ω	Λ	O	N
O	X	T	P	O	E	Λ	I	Ω	Ξ	Θ	E
M	Δ	P	E	Λ	Γ	K	N	Ψ	Γ	T	Σ
M	E	A	Φ	I	A	P	H	P	P	Y	I
A	A	K	T	Σ	A	Y	M	E	Σ	Φ	Σ
M	B	H	T	A	N	H	A	Σ	Σ	T	K

6 Greek to English crossword

	W		K		T		S
R	I	V	E	R	R	O	A	D
	T		E		E		V
S	H	I	P		E	V	E	N
	A						R
I	W	A	S		B	O	O	K
	O		T		O		A
O	R	T	O	W	A	R	D	S
	D		P		T		S

7 English to Greek crossword

	Θ		Α	Γ	Ω		Ε
Μ	Ε	Ν	■	Η	■	Δ	Ι	Α
■	Α	■	Θ	■	Ξ	■	Σ
Τ	■	Λ	Ε	Γ	Ε	Ι	■	Κ
Ο	Υ	■	Α	■	Ν	■	Τ	Α
Ν	■	Ε	Ι	Χ	Ο	Ν	■	Ι
■	Τ	■	Σ	■	Ι	■	Λ
Γ	Η	Ν	■	Ε	■	Θ	Υ	Ω
■	Ν	■	Α	Ξ	Ω	■	Ε

8 Sudoku

Γ	Ι	Ε	Θ	Β	Η	Α	Δ	Ζ
Β	Α	Η	Γ	Δ	Ζ	Ι	Θ	Ε
Θ	Ζ	Δ	Ε	Α	Ι	Η	Β	Γ
Α	Β	Γ	Η	Ζ	Θ	Δ	Ε	Ι
Ι	Ε	Ζ	Δ	Γ	Α	Β	Η	Θ
Η	Δ	Θ	Ι	Ε	Β	Γ	Ζ	Α
Ζ	Γ	Β	Α	Η	Ε	Θ	Ι	Δ
Ε	Θ	Α	Β	Ι	Δ	Ζ	Γ	Η
Δ	Η	Ι	Ζ	Θ	Γ	Ε	Α	Β

9 Greek to English crossword

■	O	■	I	■	H	■	G	O	O	D
A	D	A	N	G	E	R	■	S	■	E
■	O	■	W	■	K	■	C	U	R	E
I	C	H	A	S	E	D	■	N	■	D
■	T	■	Y	■	E	■	■	A
H	O	R	S	E	P	E	O	P	L	E
■	R	■	■	S	■	F	■	S
K	W	■	S	A	Y	S	T	O	P
E	V	E	N	■	L	■	E	■	M
E	■	R	■	O	S	L	A	V	E	S
P	O	E	T	■	O	■	S	■	N

10 English to Greek crossword

■	Τ	■	Ο	■	Φ	■	Σ	■	Θ	■
Π	Α	Ι	Δ	Ε	Υ	Σ	Ο	Μ	Ε	Ν
■	Ι	■	Ο	■	Λ	■	Φ	■	Ρ	■
Ε	Σ	Τ	Ι	■	Α	■	Η	Σ	Α	Ν
■	Α	■	■	■	Σ	■	■	■	Π	■
Α	Γ	Α	Θ	Ο	Σ	Λ	Ε	Γ	Ε	Ι
■	Ο	■	■	■	Ο	■	■	■	Υ	■
Ε	Ρ	Γ	Α	■	Υ	■	Θ	Ε	Ο	Ι
■	Α	■	Λ	■	Σ	■	Υ	■	Υ	■
Β	Ι	Β	Λ	Ο	Ι	Σ	Ε	Ι	Σ	Ι
■	Σ	■	Α	■	Ν	■	■	Ι	■	Ι

11 Arrowword

	Ο		Λ		Θ	Υ	Ε			Ο
Ε	Ι	Χ	Ε	Τ	Ε			Ε	Π	Ι
	Π		Γ		Α		Τ		Α	
Λ	Ο	Γ	Ο	Υ	Σ		Ω		Ι	
	Λ		Μ		Σ		Ν		Δ	Ε
Μ	Ε	Ν	Ε		Ω		Β	Ι	Ε	
	Μ		Ν	Ο	Σ	Ο	Ι		Υ	
	Ι			Ο	Ι	Β	Ι	Ο	Ι
Τ	Ο			Μ		Λ		Μ	
Ε	Ι	Σ		Ε	Σ	Ω	Ζ	Ε	Σ
			Μ	Ε	Ν		Ν		Ν	

12 Terrible things for a slave

Α	Λ	Λ	Α	■	Ο	Δ	Ο	Υ
Ξ	■	■	Φ	■	■	■	■	Π
Ε	■	Δ	Ο	Υ	Λ	Ω	■	Ν
Ι	■	Ε	■	Λ	■	Ζ	■	Ε
■	Δ	Ι	Κ	Α	Ι	Ω	Ν	■
Ε	■	Ν	■	Ξ	■	Ο	■	Χ
Λ	■	Α	Γ	Ε	Ι	Ν	■	Ω
Υ	■	■	Ι	■	■	■	■	Ρ
Ε	Σ	Τ	Ε	■	Σ	Ο	Φ	Α

13 Philosophers

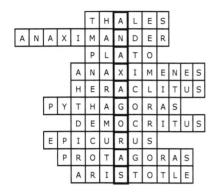

The answer: Anaxagoras

14 English to Greek crossword

15 Gods wordsearch

A	Φ	H	Φ	A	I	Σ	T	O	Σ	B	N
Γ	Π	O	Σ	E	I	Δ	Ω	N	Δ	Ω	Φ
Π	Γ	Ω	H	Φ	Δ	T	H	A	E	P	Σ
E	E	Σ	T	I	A	Δ	Y	Θ	Ω	Σ	Δ
P	P	Ω	P	Y	Φ	Θ	I	H	P	A	I
Σ	M	A	Π	O	Λ	Λ	Ω	N	K	Δ	Φ
E	H	P	Ω	H	Λ	Θ	K	H	Φ	H	Θ
Φ	Σ	T	Σ	Z	E	Y	Σ	P	P	M	Π
O	Φ	E	A	P	H	Σ	Θ	Φ	Δ	H	Λ
N	Θ	M	Ω	Φ	A	P	Σ	P	Σ	T	O
H	H	I	H	Δ	E	I	Ψ	Γ	Γ	H	Y
Ω	P	Σ	A	Σ	Φ	Ψ	Θ	Δ	Φ	P	T
H	Δ	Θ	Δ	I	O	N	Y	Σ	O	Σ	Ω
A	Φ	P	O	Δ	I	T	H	K	Λ	Ω	N

16 Greek to English crossword

17 English to Greek crossword

E	Π	I		T		K		T	H	N
X	I		A		A			N	H	
E		E	Δ	I	Ω	K	O	N		Σ
T			Σ		O					O
E	Λ	A	M	B	A	N	O	M	E	N
			I		K					
Φ	I	Λ	H	B	Λ	A	Π	T	E	I
E			Λ		Λ					Π
Y		Π	Λ	O	I	O	I	Σ		Π
Γ	E		I		I			T	O	
E	Ξ	Ω		Σ		Σ		Γ	A	I

18 Sudoku

Θ	Δ	B	A	H	Γ	Z	I	E
Z	E	A	Δ	I	B	H	Θ	Γ
H	I	Γ	E	Θ	Z	A	Δ	B
I	A	H	B	Γ	Δ	Θ	E	Z
B	Θ	E	Z	A	H	I	Γ	Δ
Γ	Z	Δ	Θ	E	I	B	A	H
E	B	Θ	H	Δ	A	Γ	Z	I
Δ	Γ	Z	I	B	Θ	E	H	A
A	H	I	Γ	Z	E	Δ	B	Θ

19 It will stop things

E	Θ	E	P	A	Π	E	Y	E	T	E
I		I		Γ				X		I
Π	E	M	Π	E	I		T	O	Y	Σ
E		I		I		T		Y		K
I			T		Π	A	Y	Σ	E	I
Θ		T	O			Π	I			N
Ω	N	A	Y	T	A		O			Δ
Θ		Σ		Ω		Z		Θ		Y
E	P	Γ	A		Σ	Ω	Z	E	I	N
A		A			O			A		O
Σ	Ω	Σ	E	I	Σ	Y	Π	N	O	N

20 Greek to English crossword

T	H	E	Y	B	R	O	U	G	H	T
O			Y		N					H
A	S		B		D		A		H	E
Y		B	Y	E	A	R	T	H		Y
O	R		H		N		B		I	S
U		F	O	R	G	O	O	D		T
N	U		M		E		A		T	O
G		H	E	W	R	O	T	E		P
M	U		S		S		S		U	P
A				N		I				E
N	O	T	T	O	I	S	L	A	N	D

21 English to Greek crossword

Θ			T		Φ	E	Y	Γ	Ω
E	Θ	Y	O	M	E	N			K
Ω		Φ			Y		T	O	I	Σ
	A		Λ	E	Γ	Ω			N
	Δ		Y		E		O		Δ
Λ	E	Γ	E	I	I	Π	Π	O	Y	Σ
	Λ		I		M		Λ		N
	Φ			K	A	Λ	A		E
T	O	Y	Σ		X			E		Γ
	I			T	H	Σ	O	Φ	I	A
	Σ	O	Φ	H	N		Y			Σ

22 Greek to English crossword

	T		I		W		N		A		W	
F	O	R	T	H	E	S	O	L	D	I	E	R
	J		I		S		W		A		A	
B	U	T	S	E	A		W	H	Y	A	R	E
	D				Y		E				E	
A	G	I	F	T		S		A	M	O	N	G
	E		O		B	U	T		E		O	
A	W	O	R	K		N		A	N	D	T	O
	E				H		I				B	
I	F	A	L	S	O		T	O	T	R	E	E
	L		E		R		L		A		I	
H	E	W	A	S	S	P	E	A	K	I	N	G
	E		D		E		D		E		G	

23 English to Greek crossword

	H		Π		Δ		Σ		E		E	
H	M	E	P	A	E	N	O	Y	P	A	N	Ω
	E		O		I		Φ		Γ		Λ	
H	N	H	Σ	O	N		H	Γ	A	Γ	O	N
	O				A		N				Γ	
O	I	M	E	N		H		Δ	H	M	O	Σ
	Δ		X		A	Γ	E		T		I	
E	I	X	E	Σ		H		Π	E	I	Σ	Ω
	K				M		E				Φ	
X	A	Λ	E	Π	A		Π	Λ	O	I	Ω	N
	I		I		K		I		Δ		N	
T	O	N	Σ	T	P	A	T	I	Ω	T	H	N
	I		I		A		A		N		N	

24 Greek to English crossword

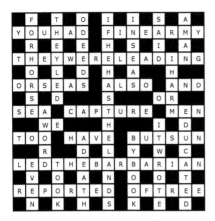

```
  F   T   O   I   I   S   A
Y O U H A D   F I N E A R M Y
  R   E   E   H   S   I   A
T H E Y W E R E L E A D I N G
  O   L   D   H   A       H
O R S E A S   A L S O   A N D
  S   D       S       O R
S E A   C A P T U R E   M E N
  W E       H       I   D
T O O   H A V E   B U T S U N
  R   D   L   Y   W   C
L E D T H E B A R B A R I A N
  V   O   A   N   O   O   T
R E P O R T E D   O F T R E E
  N   K   H   S   K   E   D
```

25 English to Greek crossword

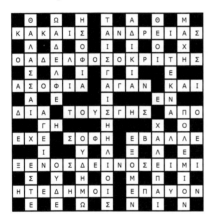

```
  Θ   Ω   Η   Τ   Α   Θ   Μ
Κ Α Κ Α Ι Σ   Α Ν Δ Ρ Ε Ι Α Σ
  Λ · Δ   Ο   Ι   Ι   Ο   Χ
Ο Α Δ Ε Λ Φ Ο Σ Ο Κ Ρ Ι Τ Η Σ
  Σ   Λ   Ι   Γ   Ι       Ε
Α Σ Ο Φ Ι Α   Α Γ Α Ν   Κ Α Ι
  Α   Ε   Ι       Ι   Ε Ν
Δ Ι Α   Τ Ο Υ Σ Γ Η Σ   Α Π Ο
  Γ Η       Η       Χ   Ο
Ε Χ Ε   Σ Ο Φ Η   Ε Β Α Λ Λ Ε
  Ι   Υ   Λ   Ξ   Λ   Ε
Ξ Ε Ν Ο Σ Δ Ε Ι Ν Ο Σ Ε Ι Μ Ι
  Σ   Υ   Η   Ο   Μ   Π   Ι
Η Τ Ε Δ Η Μ Ο Ι   Ε Π Α Υ Ο Ν
  Ε   Ε   Ω   Σ   Ν   Ι   Ν
```

26 Famous places

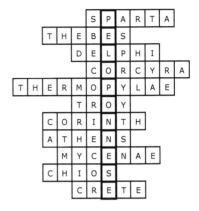

```
        S P A R T A
  T H E B E S
        D E L P H I
        C O R C Y R A
T H E R M O P Y L A E
      T R O Y
  C O R I N T H
  A T H E N S
    M Y C E N A E
  C H I O S
    C R E T E
```

The answer: Peloponnese

27 Writers wordsearch

```
S E N A H P O T S I R A
T R E U R I P I D E S S
H O M S E L C O H P O S
S M E N A N D E R H E S
E S U T O D O R E H R E
N R O M O H R E M O H R
E E S S U L Y H C S E A
H T H U C Y D I D E S D
T O S O P H H E S I I N
S P E A H A E S O P O I
O H R E I P L A T P D P
M M A R I S T O T L E R
E E R T O S Y O T L R E
D N E R M L Y L S T L E
```

28 Greek to English crossword

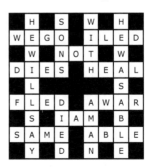

```
  H   S   W   H
W E G O   I L E D
  W   N O T   W
D I E S   H E A L
  L           S
F L E D   A W A R
  S   I A M   B
S A M E   A B L E
  Y   D   N   E
```

64

29 English to Greek crossword

█	B	█	A	█	Λ	█	Π	█
Ε	Λ	Ε	Υ	Θ	Ε	Ρ	Ο	Ν
█	A	█	Τ	█	Γ	█	Λ	█
Ο	Π	Λ	Α	Μ	Ε	Ν	Ε	Ι
█	Τ	█	█	█	█	█	Μ	█
Τ	Ο	Π	Ι	Π	Τ	Ε	Ι	Ν
█	Μ	█	Π	█	Ο	█	Ο	█
Δ	Ε	Σ	Π	Ο	Τ	Α	Ι	Σ
█	Ν	█	Ω	█	Ε	█	Σ	█

30 Transliteration wordsearch

A	E	M	Φ	A	Σ	I	Σ	Φ	K	Λ	Δ
X	Ψ	Π	A	P	A	Λ	Y	Σ	I	Σ	E
Ω	Ξ	A	M	A	Z	Ω	N	K	P	T	Λ
K	E	P	H	A	P	Ω	M	A	H	Γ	T
A	M	E	T	P	O	Π	O	Λ	I	Σ	A
T	A	N	I	B	Ω	Ω	T	Y	Σ	K	P
A	I	Θ	H	A	E	P	A	Ω	O	P	Γ
Σ	P	E	H	Σ	Φ	X	Σ	E	Σ	I	Σ
T	E	Σ	Σ	I	Δ	E	P	P	K	T	A
P	E	I	I	Σ	H	Π	I	Ω	E	H	B
O	Ω	Σ	Θ	Y	Ξ	K	K	I	Λ	P	Ψ
Φ	E	T	Φ	Θ	E	Σ	I	Σ	H	I	Δ
H	A	Σ	Φ	Y	Ξ	I	A	Θ	Σ	O	E
P	A	N	A	Λ	Y	Σ	I	Σ	B	N	Θ

31 Greek to English crossword

█	A	█	T	█	S	█	A	█
I	S	N	O	T	H	I	N	G
█	T	█	A	█	E	█	G	█
I	R	E	M	A	I	N	E	D
█	A	█	A	█	S	█	R	█
A	N	D	S	O	W	E	D	O
█	G	█	T	█	I	█	I	█
W	E	S	E	T	F	R	E	E
█	R	█	R	█	E	█	D	█

32 English to Greek crossword

Ε	Β	Λ	Α	Π	Τ	Ε	Τ	Ε
Κ	█	█	█	Ι	█	█	█	Υ
Α	█	Τ	Ι	Σ	Ι	Ν	█	Ρ
Θ	█	Ρ	█	Τ	█	Η	█	Η
Ε	Κ	Ε	Λ	Ε	Υ	Σ	Α	Σ
Υ	█	Ι	█	Υ	█	Ο	█	Ο
Δ	█	Σ	Ω	Σ	Ε	Ι	█	Μ
Ε	█	█	█	Ε	█	█	█	Ε
Σ	Ο	Φ	Ο	Ι	Η	Μ	Ε	Ν

33 Sudoku

Θ	B	E	I	Γ	Z	A	Δ	H
A	I	Γ	B	H	Δ	E	Θ	Z
Z	Δ	H	A	E	Θ	I	B	Γ
B	Z	A	H	Δ	Γ	Θ	I	E
Δ	Γ	Θ	Z	I	E	H	A	B
H	E	I	Θ	B	A	Γ	Z	Δ
Γ	H	B	Δ	A	I	Z	E	Θ
I	Θ	Δ	E	Z	H	B	Γ	A
E	A	Z	Γ	Θ	B	Δ	H	I

34 Greek to English crossword

█	M	█	I	█	W	█	I	█	H	█
B	Y	T	H	E	O	L	D	M	A	N
█	L	█	I	█	M	█	I	█	V	█
D	I	E	D	█	E	█	E	V	E	N
█	T	█	█	█	N	█	█	█	A	█
I	T	O	O	K	█	A	G	I	F	T
█	L	█	█	█	N	█	█	█	R	█
W	E	G	O	█	A	█	S	A	I	D
█	S	█	N	█	M	█	H	█	E	█
T	O	A	T	H	E	N	I	A	N	S
█	N	█	O	█	S	█	P	█	D	█

35 English to Greek crossword

36 Arrowword

37 You have the first things

T	P	I	A		K	A	K	H
I			K					Λ
N		Π	P	Ω	T	A		Θ
A		I		Λ		Y		E
	E	Π	A	Y	E	T	E	
E		T		Σ		H		K
B		E	X	E	I	Σ		A
H				I				Λ
N	A	Y	Σ		A	Θ	Λ	A

38 Mythical women

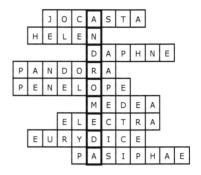

The answer: Andromeda

39 English to Greek crossword

40 Athenian generals wordsearch

Α	Λ	Κ	Ι	Β	Ι	Α	Δ	Η	Σ	Θ	Α
Β	Γ	Λ	Φ	Ο	Ρ	Μ	Ι	Ω	Ν	Η	Π
Δ	Σ	Ε	Σ	Ν	Ι	Κ	Ι	Α	Σ	Ρ	Ε
Δ	Ο	Ω	Ξ	Η	Μ	Σ	Χ	Κ	Ξ	Α	Ρ
Η	Φ	Ν	Ν	Ε	Ω	Ξ	Ο	Ι	Π	Μ	Ι
Μ	Ο	Χ	Β	Ψ	Ν	Ν	Μ	Μ	Υ	Ε	Κ
Ο	Κ	Ζ	Π	Δ	Ω	Ο	Ν	Ω	Λ	Ν	Λ
Σ	Λ	Α	Ρ	Ν	Α	Π	Φ	Ν	Κ	Η	Η
Θ	Η	Ε	Ρ	Τ	Γ	Δ	Ο	Ω	Ο	Σ	Σ
Ε	Σ	Λ	Α	Μ	Α	Χ	Ο	Ε	Σ	Ν	Ω	Ω
Ν	Θ	Ε	Μ	Ι	Σ	Τ	Ο	Κ	Λ	Η	Σ
Η	Β	Φ	Μ	Ι	Λ	Τ	Ι	Α	Δ	Η	Σ
Σ	Θ	Ρ	Α	Σ	Υ	Β	Ο	Υ	Λ	Ο	Σ
Θ	Ρ	Α	Σ	Υ	Λ	Λ	Ο	Σ	Η	Γ	Δ

41 Greek to English crossword

	H			I		A		F	
P	O	E	T	S		S	H	E	I	S
	R		H		T		E		R	
	S	H	E	T	R	U	S	T	S	
B	E		H		A		A		T	O
		B	E	L	I	E	V	E		
P	I		R		N		E		W	E
	T	O	A	L	E	A	D	E	R	
	O		L		D		M		I	
W	O	R	D	S		D	E	A	T	H
	K			O		O		E		

43 Sudoku

Η	Ε	Α	Ζ	Δ	Ι	Θ	Γ	Β
Θ	Ι	Β	Η	Ε	Γ	Α	Ζ	Δ
Γ	Ζ	Δ	Β	Θ	Α	Ε	Ι	Η
Ι	Α	Ε	Θ	Ζ	Η	Β	Δ	Γ
Β	Η	Γ	Ε	Ι	Δ	Ζ	Θ	Α
Δ	Θ	Ζ	Α	Γ	Β	Η	Ε	Ι
Α	Δ	Θ	Ι	Η	Ε	Γ	Β	Ζ
Ε	Β	Ι	Γ	Α	Ζ	Δ	Η	Θ
Ζ	Γ	Η	Δ	Β	Θ	Ι	Α	Ε

44 Twice terrible for the city

	Ε		Δ	Ε	Ι	Ν	Α		Α	
Ο	Υ	Δ	Ε	Ν		Η	Γ	Υ	Ν	Η
	Π		Ι			Ε		Δ		
Δ	Ε	Ι	Ν	Α		Μ	Ι	Κ	Ρ	Ε
Η	Σ		Η	Λ	Θ	Ε	Σ		Α	Σ
Μ			Λ		Ν				Μ	
Ο	Σ		Π	Ο	Λ	Ε	Ι		Δ	Ε
Σ	Ο	Φ	Ο	Ι		Ι	Π	Π	Ο	Ν
	Φ		Λ			Π		Υ		
Ο	Ι	Κ	Ι	Α		Δ	Ο	Υ	Λ	Ε
	Α		Ν	Ι	Κ	Η	Σ		Ω	

42 English to Greek crossword

	E		A		A		K		Γ	
E	Κ	Ε	Λ	Ε	Υ	Σ	Α	Μ	Ε	Ν
	Α		Λ		Τ		Λ		Ρ	
Α	Θ	Λ	Α		Ο		Η	Μ	Ω	Ν
	Ε			Μ	Ι	Α			Ν	
Ο	Υ	Δ	Υ	Ο		Π	Α	Ι	Δ	Α
	Δ			Υ	Π	Ο			Ι	
Μ	Ο	Ν	Α		Α		Υ	Δ	Ω	Ρ
	Μ		Γ		Ρ		Ι		Κ	
Θ	Ε	Ρ	Α	Π	Ε	Υ	Ο	Μ	Ε	Ν
	Ν		Ν		Ι		Σ		Ι	

45 Greek to English crossword

	W	T		P		B		U		F	
H	E	W	I	L	L	P	R	E	P	A	R	E
	W		M		A		I		O		O	
H	E	R	E		C	A	N		N	A	M	E
	R			M	E		G	O			T	
W	E	S	A	Y		S		N	I	G	H	T
	F		N		S	A	Y		A		E	
L	A	N	D	S		T		A	M	O	L	D
	L			O	N		I	T			E	
F	L	E	D		O	U	T		H	E	A	R
	I		A		S		H		I		D	
A	N	D	Y	O	U	F	I	N	D	M	E	N
	G		S		N		D		E		R	

46 English to Greek crossword

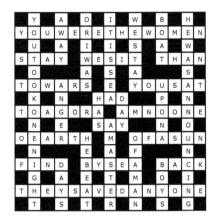

```
Τ Ω Θ Α Ν Α Τ Ω Α Υ Τ Ο Υ
Α ▪ Υ ▪ Η ▪ Ο ▪ Ι ▪ Ο ▪ Π
Ε Χ Ε Ι ▪ Δ Ι Α ▪ Α Υ Τ Ο
Ρ ▪ Ι ▪ Δ ▪ Σ ▪ Τ ▪ Σ ▪ Τ
Γ Η ▪ Δ Ε Ν Δ Ρ Ω Ν ▪ Τ Ω
Α ▪ Τ ▪ Ι ▪ Ε ▪ Δ ▪ Ω ▪ Ν
Α Π Ο Θ Ν Η Σ Κ Ο Υ Σ Ι Ν
Γ ▪ Ν ▪ Ο ▪ Π ▪ Υ ▪ Υ ▪ Ε
Γ Ε ▪ Ο Υ Π Ο Λ Λ Ω ▪ Τ Α
Ε ▪ Μ ▪ Σ ▪ Τ ▪ Ω ▪ Η ▪ Ν
Λ Υ Ε Ι ▪ Γ Α Σ ▪ Ε Σ Τ Ι
Λ ▪ Ν ▪ Σ ▪ Ι ▪ Δ ▪ Α ▪ Ω
Ε Κ Ω Λ Υ Ε Σ Δ Ε Ι Ν Ο Ν
```

47 Greek to English crossword

```
▪ O S W ▪ T ▪ D ▪
F R O M T H E R O A D
▪ D ▪ A ▪ Y ▪ E ▪ M ▪
H E A L S ▪ H E W A S
▪ R ▪ L O V E S ▪ G ▪
M A N ▪ N ▪ C ▪ H E R
▪ L ▪ H I D A T ▪ G ▪
F L E E S ▪ N O T I N
▪ I ▪ H ▪ L ▪ G ▪ F ▪
W E T A K E P O E T S
▪ S ▪ D ▪ D ▪ D ▪ S ▪
```

49 Greek to English crossword

```
▪ Y ▪ A ▪ O ▪ I ▪ W ▪ B ▪ H ▪
Y O U W E R E T H E W O M E N
▪ U ▪ A ▪ I ▪ I ▪ S ▪ A ▪ W ▪
S T A Y ▪ W E S I T ▪ T H A N
▪ O ▪ ▪ ▪ A ▪ S ▪ A ▪ ▪ ▪ S ▪
T O W A R S ▪ E ▪ Y O U S A T
▪ K ▪ N ▪ ▪ H A D ▪ ▪ P ▪ N ▪
T O A G O R A ▪ A M N O O N E
▪ N ▪ E ▪ S A Y ▪ ▪ N ▪ O ▪
O E A R T H ▪ M ▪ O F A S U N
▪ N ▪ ▪ ▪ E ▪ A ▪ F ▪ ▪ ▪ N ▪
F I N D ▪ B Y S E A ▪ B A C K
▪ G ▪ A ▪ E ▪ T ▪ M ▪ O ▪ I ▪
T H E Y S A V E D A N Y O N E
▪ T ▪ S ▪ T ▪ R ▪ N ▪ S ▪ G ▪
```

48 English to Greek crossword

```
▪ Τ ▪ Φ ▪ Π ▪ Τ ▪ Ο ▪ Κ ▪
Σ Ο Φ Ο Ι Ο Ι Α Ν Δ Ρ Ε Σ
▪ Ι ▪ Β ▪ Λ ▪ Δ ▪ Ο ▪ Λ ▪
Ε Σ Τ Ε ▪ Ε Γ Ω ▪ Ν Η Ε Σ
▪ Α ▪ ▪ ▪ Ω ▪ Ρ ▪ ▪ ▪ Υ ▪
Ε Ν Ι Τ Ω Ν ▪ Α Γ Ο Μ Ε Ν
▪ Θ ▪ Ι ▪ ▪ ▪ ▪ ▪ Τ ▪ Ι ▪
Π Ρ Ο Σ Μ Ε ▪ Κ Ρ Ι Τ Α Ι
▪ Ω ▪ ▪ ▪ Ρ ▪ Η ▪ ▪ ▪ Γ ▪
Υ Π Ν Ω ▪ Γ Α Ρ ▪ Υ Μ Α Σ
▪ Ο ▪ Β ▪ Ο ▪ Υ ▪ Μ ▪ Θ ▪
Ο Ι Κ Ι Α Ι Σ Κ Ρ Ι Τ Ο Υ
▪ Σ ▪ Ε ▪ Σ ▪ Ι ▪ Ν ▪ Ν ▪
```

50 English to Greek crossword

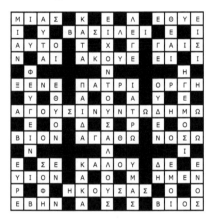

```
Μ Ι Α Σ ▪ Κ ▪ Ε ▪ Λ ▪ Ε Θ Υ Ε
Ι ▪ Υ ▪ Β Α Σ Ι Λ Ε Ι ▪ Ε ▪ Ι
Α Υ Τ Ο ▪ Τ ▪ Χ ▪ Γ ▪ Γ Α Ι Σ
Ν ▪ Α Ι ▪ Α Κ Ο Υ Ε ▪ Ε Ι ▪ Ι
▪ Φ ▪ ▪ ▪ ▪ Ν ▪ ▪ ▪ ▪ ▪ Η ▪
Ξ Ε Ν Ε ▪ Π Α Τ Ρ Ι ▪ Ο Ρ Γ Η
Υ ▪ Θ ▪ Α ▪ Ο ▪ Α ▪ Υ ▪ Ε ▪
Α Γ Ο Υ Σ Ι Ν Υ Ν Τ Ω Δ Η Μ Ω
Ε ▪ Ο ▪ Δ ▪ Σ ▪ Ρ ▪ Ε ▪ Ο ▪
Β Ι Ο Ν ▪ Α Γ Α Θ Ω ▪ Ν Ο Σ Ω
Ν ▪ ▪ ▪ ▪ ▪ Λ ▪ ▪ ▪ ▪ ▪ Ι ▪
Ε ▪ Σ Ε ▪ Κ Α Λ Ο Υ ▪ Δ Ε ▪ Ε
Υ Ι Ο Ν ▪ Α ▪ Ο ▪ Μ ▪ Η Μ Ε Ν
Ρ ▪ Φ ▪ Η Κ Ο Υ Σ Α Σ ▪ Ο ▪ Ο
Ε Β Η Ν ▪ Α ▪ Σ ▪ Σ ▪ Β Ι Ο Σ
```

Greek to English Word List

Words in bold are used in Part 1 (Puzzles 1 to 25) and also in Part 2 (Puzzles 26 to 50), whereas words in normal typeface are only used in Part 2 (Puzzles 26 to 50).

ἀγαθος, ἀγαθη, ἀγαθον	good
ἀγαν	too much
ἀγγελλω	I announce, report
ἀγορα, ἀγορας, ἡ	market-place, agora
ἀγω	I lead, bring
ἀδελφος, ἀδελφου, ὁ	brother
ἀδικια, ἀδικιας, ἡ	injustice
Ἀθηναιος, Ἀθηναια, Ἀθηναιον	Athenian
ἀθλον, ἀθλου, το	prize
ἀκουω	I hear
ἀλλα	but
ἀλλος, ἀλλη, ἀλλο	other
ἀνα	up
ἀνδρεια, ἀνδρειας, ἡ	courage
ἀνηρ, ἀνδρα, ὁ	man
ἀνθρωπος, ἀνθρωπου, ὁ	man
ἀξω	I will lead
ἀπεθανον	I died
ἀπο	from
ἀποθνησκω	I die
ἀποκτεινω	I kill
ἀρα	? (marks a question)
ἀσοφια, ἀσοφιας, ἡ	lack of wisdom
αὐτος, αὐτη, αὐτο	he, she, it
βαινω	I go
βαρβαρος, βαρβαρον, ὁ	barbarian
βασιλευς, βασιλεως, ὁ	king
βιβλος, βιβλου, ἡ	book
βιος, βιου, ὁ	life
βλαπτω	I harm, damage
γαρ	for
γε	at any rate
γεραιος, γεραια, γεραιον	old
γερων, γεροντος, ὁ	old man
γη	earth, land
γραφω	write
γυνη, γυναικος, ἡ	wife, woman
δε	on the other hand, but
δεινος, δεινη, δεινον	terrible

δενδρον, δενδρου, το	tree
δεσποτης, δεσποτου, ὁ	master
δημος, δημου, ὁ	people
δια	through
δια τί	why
δικαιος, δικαια, δικαιον	just
διωκω	I chase
δουλος, δουλου, ὁ	slave
δυο	two
δωρον, δωρου, το	gift
ἐβαλλον	I threw, was throwing
ἐβην	I went
ἐβλαπτον	I was harming
ἐγραψα	I wrote
ἐγω	I
ἐδιωκον	I was chasing
ἐδιωξα	I chased
ἐθελησω	I will want
ἐθεραπευον	I was curing
ἐθυον	I was sacrificing
εἰ	if
εἰμι	I am
εἰπον	I said
εἰς	to
εἱς, μια, ἑν	one
εἰχον	I was having
ἐκαθευδον	I was sleeping
ἐκαθισα	I sat
ἐκελευσα	I ordered
ἐκρυψα	I hid
ἐκωλυον	I was preventing
ἐλαβον	I took
ἐλαμβανον	I was taking
ἐλεγον	I was saying, was speaking
ἐλευθερος, ἐλευθερα, ἐλευθερον	free
ἐλιπον	I left
ἐμεινα	I remained
ἐμος, ἐμη, ἐμον	my
ἐν	at, among, in
ἐνταυθα	here
ἐξ	out of
ἐξω	out
ἐξω	I will have
ἐπαιδευσα	I educated, trained
ἐπαυον	I was stopping

ἐπαυσε	I stopped
ἐπεσον	I fell
ἐπι	on, onto, upon
ἐπιπτον	I was falling
ἐπιστευσα	I trusted
ἐργον, ἐργου, το	deed, work
ἐσχον	I had
ἐσῳζον	I was saving
ἐσωσα	I saved
ἐτυψα	I beat
εὑρησω	I will find
εὑρισκω	I find
εὑρον	I found
ἐφ'	on
ἐφυγον	I fled
ἐχω	I keep, have
ζῳον, ζῳου, το	animal
ἠ	or, than
ἠγαγον	I led, brought
ἠγγελλον	I reported, announced, was announcing
ἡγεμων, ἡγεμονος, ὁ	leader
ἠγον	I was leading, was bringing
ἠκουσα	I heard
ἠλθον	I came
ἡλιος, ἡλιου, ὁ	sun
ἡμεις, ἡμων	we
ἡμερα, ἡμερας, ἡ	day
ἠν	I was
θαλασσα, θαλασσης, ἡ	sea
θανατος, θανατου, ὁ	death
θεα, θεας, ἡ	goddess
θεος, θεου, ὁ	god
θεραπευω	I cure, heal
θεω	I run
θυσω	I will sacrifice
θυω	I sacrifice
ἰατρος, ἰατρου, ὁ	doctor
ἱππος, ἱππου, ὁ	horse
και	and, even, also, too
κακος, κακη, κακον	bad
καλος, καλη, καλον	beautiful, fine
κατα	down
κελευω	I order
κηρυξ, κηρυκος, ὁ	herald
κινδυνος, κινδυνου, ὁ	danger

71

κριτης, κριτου, ὁ	judge
κρυπτω	I hide
κωλυσω	I will prevent
λαμβανω	I catch, take, capture
λεγω	I say, speak
λειψω	I will leave
λεξω	I will say
λογος, λογου, ὁ	word
λυω	I set free
μακρος, μακρα, μακρον	long
μαχη, μαχης, ἡ	fight
μεν	on the one hand
μενω	I stay
μετα	with
μεταξυ	between
μικρος, μικρα, μικρον	small
μονος, μονη, μονον	only
ναυς, νεως, ἡ	ship
ναυτης, ναυτου, ὁ	sailor
νεανιας, νεανιου, ὁ	young man
νη	by
νησος, νησου, ἡ	island
νικη, νικης, ἡ	victory
νοσος, νοσου, ἡ	disease
νυν	now
νυξ, νυκτος, ἡ	night
ξενος, ξενου, ὁ	stranger
ὁ αὐτος	the same
ὁ, ἡ, το	the
ὁδος, ὁδου, ἡ	road, way
οἰκια, οἰκιας, ἡ	home
οἱος τ᾽ εἰμι	I am able, can
οἱος τ᾽ ἠν	I was able
οἱος, οἱα, οἱον	able
ὀλιγος, ὀλιγη, ὀλιγον	little, small
ὀμικρον	omicron
ὀνομα, ὀνοματος, το	name
ὁπλα, ὁπλων, τα	arms
ὀργη, ὀργης, ἡ	anger
ὁς, ἡ, ὁ	who, which (relative)
ὀτι	that
οὐ	not, no
οὐδε	nor
οὐδεις, οὐδεμια, οὐδεν	noone, nothing
οὐκ	not, no

οὐν	therefore, and so, so
οὐρανος, οὐρανου, ὁ	heaven
οὐτε	neither
οὐχ	not, no
παιδευσω	I will train, will educate
παιδευω	I educate, train
παις, παιδος, ὁ	child, boy
παλιν	back
παρασκευασω	I will prepare
παρειμι	I am present
πατηρ, πατρος, ὁ	father
παυσω	I will stop
παυω	I stop
πειθω	I persuade
πεισω	I will persuade
πεμπω	I send
πιπτω	I fall
πιστευσω	I will trust
πιστευω	I trust, believe
πλοιον, πλοιου, το	boat
ποιητης, ποιητου, ὁ	poet
πολεμιος, πολεμιον, ὁ	enemy
πολεμος, πολεμου, ὁ	war
πολις, πολεως, ἡ	city
πολιτης, πολιτου, ὁ	citizen
πολλῳ	(by) much
ποταμος, ποταμου, ὁ	river
πρασσω	I do
προς	towards, to
πρωτος, πρωτη, πρωτον	first
ῥω	rho
σοφια, σοφιας, ἡ	wisdom
σοφος, σοφη, σοφον	wise
στρατια, στρατιας, ἡ	army
στρατιωτης, στρατιωτου, ὁ	soldier
συ	you (s.)
συμμαχος, συμμαχου, ὁ	ally
σῳζω	I save
σωσω	I will save
τε	both
τεκνον, τεκνου, το	child
τις, τις, τι	someone, anyone, a
τίς, τίς, τί	who, what (interrogative)
τοτε	then
τρεις, τρεις, τρια	three

ὕδωρ, ὕδατος, το	water
υἱος, υἱου, ὁ	son
ὑμεις	you (pl.)
ὕπνος, ὕπνου, ὁ	sleep
ὑπο	by
ὑφ'	by
φευγω	I flee
φιλεω	I love
φιλος, φιλη, φιλον	dear
φιλος, φιλου, ὁ	friend
φοβος, φοβου, ὁ	fear
φυλασσω	I guard
χαλεπος, χαλεπη, χαλεπον	difficult
χρονος, χρονου, ὁ	time
χωρα, χωρας, ἡ	place
ὠ	O
ὡς	as

English to Greek Word List

Words in bold are used in Part 1 (Puzzles 1 to 25) and also in Part 2 (Puzzles 26 to 50), whereas words in normal typeface are only used in Part 2 (Puzzles 26 to 50).

? (marks a question)	*ἀρα*
able	*οἱος, οἱα, οἱον*
agora, market-place	*ἀγορα, ἀγορας, ἡ*
I am able, can	*οἱος τ' εἰμι*
ally	*συμμαχος, συμμαχου, ὁ*
also	*και*
I am	*εἰμι*
I am present	*παρειμι*
among	*ἐν*
and	*και*
and so	*οὐν*
anger	*ὀργη, ὀργης, ἡ*
animal	*ζῳον, ζῳου, το*
I announce, report	*ἀγγελλω*
I announced, reported	*ἠγγελλον*
I was announcing, reporting	*ἠγγελλον*
arms	*ὁπλα, ὁπλων, τα*
army	*στρατια, στρατιας, ἡ*
as	*ὡς*
at	*ἐν*
at any rate	*γε*
Athenian	*Ἀθηναιος, Ἀθηναια, Ἀθηναιον*
back	*παλιν*
bad	*κακος, κακη, κακον*
barbarian	*βαρβαρος, βαρβαρου, ὁ*
I beat	*ἐτυψα*
beautiful	*καλος, καλη, καλον*
I believe, trust	*πιστευω*
between	*μεταξυ*
boat	*πλοιον, πλοιου, το*
book	*βιβλος, βιβλου, ἡ*
both	*τε*
boy	*παις, παιδος, ὁ*
I bring, lead	*ἀγω*
I was bringing, leading	*ἠγον*
brother	*ἀδελφος, ἀδελφου, ὁ*
I brought, led	*ἠγαγον*
but	*ἀλλα*
but	*δε*

by	νη
by	ὑπο
by	ὑφ'
I came	ἠλθον
I can, am able	οἱος τ' εἰμι
I was able	οἱος τ' ἠν
I capture	λαμβανω
I catch	λαμβανω
I chase	διωκω
I chased	ἐδιωξα
I was chasing	ἐδιωκον
child	παις, παιδος, ὁ
child	τεκνον, τεκνου, το
citizen	πολιτης, πολιτου, ὁ
city	πολις, πολεως, ἡ
courage	ἀνδρεια, ἀνδρειας, ἡ
I cure, heal	θεραπευω
I was curing	ἐθεραπευον
I damage, harm	βλαπτω
danger	κινδυνος, κινδυνου, ὁ
day	ἡμερα, ἡμερας, ἡ
dear	φιλος, φιλη, φιλον
death	θανατος, θανατου, ὁ
deed	ἐργον, ἐργου, το
I die	ἀποθνησκω
I died	ἀπεθανον
difficult	χαλεπος, χαλεπη, χαλεπον
disease	νοσος, νοσου, ἡ
I do	πρασσω
doctor	ἰατρος, ἰατρου, ὁ
down	κατα
earth	γη
I educate, train	παιδευω
I educated, trained	ἐπαιδευσα
enemy	πολεμιος, πολεμιου, ὁ
even	και
I fall	πιπτω
I was falling	ἐπιπτον
father	πατηρ, πατρος, ὁ
fear	φοβος, φοβου, ὁ
I fell	ἐπεσον
fight	μαχη, μαχης, ἡ
I find	εὑρισκω
fine	καλος, καλη, καλον
first	πρωτος, πρωτη, πρωτον

I fled	ἔφυγον
I flee	φευγω
for	γαρ
I found	εὑρον
free	ἐλευθερος, ἐλευθερα, ἐλευθερον
friend	φιλος, φιλου, ὁ
from	ἀπο
gift	δωρον, δωρου, το
I go	βαινω
god	θεος, θεου, ὁ
goddess	θεα, θεας, ἡ
good	ἀγαθος, ἀγαθη, ἀγαθον
I guard	φυλασσω
I had	ἐσχον
I harm, damage	βλαπτω
I was harming	ἐβλαπτον
I have, keep	ἐχω
I was having	εἰχον
he, she, it	αὐτος, αὐτη, αὐτο
I heal, cure	θεραπευω
I hear	ἀκουω
I heard	ἠκουσα
heaven	οὐρανος, οὐρανου, ὁ
herald	κηρυξ, κηρυκος, ὁ
here	ἐνταυθα
I hid	ἐκρυψα
I hide	κρυπτω
home	οἰκια, οἰκιας, ἡ
horse	ἱππος, ἱππου, ὁ
I	ἐγω
I will have	ἑξω
if	εἰ
in	ἐν
injustice	ἀδικια, ἀδικιας, ἡ
island	νησος, νησου, ἡ
judge	κριτης, κριτου, ὁ
just	δικαιος, δικαια, δικαιον
I keep, have	ἐχω
I kill	ἀποκτεινω
king	βασιλευς, βασιλεως, ὁ
lack of wisdom	ἀσοφια, ἀσοφιας, ἡ
land	γη
I lead, bring	ἀγω
leader	ἡγεμων, ἡγεμονος, ὁ
I was leading, bringing	ἠγον

I led	ἠγαγον
I left	ἐλιπον
life	βιος, βιου, ὁ
little	ὀλιγος, ὀλιγη, ὀλιγον
long	μακρος, μακρα, μακρον
I love	φιλεω
man	ἀνηρ, ἀνδρα, ὁ
man	ἀνθρωπος, ἀνθρωπου, ὁ
market-place, agora	ἀγορα, ἀγορας, ἡ
master	δεσποτης, δεσποτου, ὁ
(by) much	πολλῳ
my	ἐμος, ἐμη, ἐμον
name	ὀνομα, ὀνοματος, το
neither	οὐτε
night	νυξ, νυκτος, ἡ
no	οὐ
noone, nothing	οὐδεις, οὐδεμια, οὐδεν
nor	οὐδε
not	οὐ, οὐκ, οὐχ
now	νυν
O	ὠ
old	γεραιος, γεραια, γεραιον
old man	γερων, γεροντος, ὁ
omicron	ὀμικρον
on	ἐπι
on	ἐφ'
on the one hand	μεν
on the other hand	δε
one	εἱς, μια, ἑν
only	μονος, μονη, μονον
onto	ἐπι
or	ἠ
I order	κελευω
I ordered	ἐκελευσα
other	ἀλλος, ἀλλη, ἀλλο
out	ἐξω
out of	ἐξ
people	δημος, δημου, ὁ
I persuade	πειθω
place	χωρα, χωρας, ἡ
poet	ποιητης, ποιητου, ὁ
I am present	παρειμι
I was preventing	ἐκωλυον
prize	ἀθλον, ἀθλου, το
I remained, stayed	ἐμεινα

I report, announce	ἀγγελλω
I reported, announced	ἠγγελλον
rho	ῥω
river	ποταμος, ποταμου, ὁ
road, way	ὁδος, ὁδου, ἡ
I run	θεω
I sacrifice	θυω
I was sacrificing	ἐθυον
I said	εἰπον
sailor	ναυτης, ναυτου, ὁ
the same	ὁ αὐτος
I sat	ἐκαθισα
I save	σῳζω
I saved	ἐσωσα
I was saving	ἐσῳζον
I say, speak	λεγω
I was saying	ἐλεγον
sea	θαλασσα, θαλασσης, ἡ
I send	πεμπω
I set free	λυω
ship	ναυς, νεως, ἡ
slave	δουλος, δουλου, ὁ
sleep	ὑπνος, ὑπνου, ὁ
I was sleeping	ἐκαθευδον
small	μικρος, μικρα, μικρον
small	ὀλιγος, ὀλιγη, ὀλιγον
so, therefore, and so	οὐν
soldier	στρατιωτης, στρατιωτου, ὁ
son	υἱος, υἱου, ὁ
I speak, say	λεγω
I was speaking	ἐλεγον
I stay, remain	μενω
I stop	παυω
I stopped	ἐπαυσε
I was stopping	ἐπαυον
stranger	ξενος, ξενου, ὁ
sun	ἡλιος, ἡλιου, ὁ
I take, catch, capture	λαμβανω
I was taking	ἐλαμβανον
terrible	δεινος, δεινη, δεινον
than	ἠ
that	ὁτι
the	ὁ, ἡ, το
the same	ὁ αὐτος
then	τοτε

therefore, so, and so	οὖν
three	τρεις, τρεις, τρια
I threw	ἐβαλλον
through	δια
time	χρονος, χρονου, ὁ
to	εἰς
to	προς
too, and, also, even	και
too much	ἀγαν
I took	ἐλαβον
towards	προς
I train, educate	παιδευω
I trained, educated	ἐπαιδευσα
tree	δενδρον, δενδρου, το
I trust, believe	πιστευω
I trusted, believed	ἐπιστευσα
two	δυο
up	ἀνα
upon	ἐπι
victory	νικη, νικης, ἡ
war	πολεμος, πολεμου, ὁ
I was	ἠν
water	ὑδωρ, ὑδατος, το
way	ὁδος, ὁδου, ἡ
we	ἡμεις, ἡμων
went	ἐβην
who	τις, τις, τι
who, what (interrogative)	τίς, τίς, τί
who, which (relative)	ὁς, ἡ, ὁ
why	δια τί
wife	γυνη, γυναικος, ἡ
will educate	παιδευσω
will find	εὑρησω
will lead	ἀξω
will leave	λειψω
will persuade	πεισω
will prepare	παρασκευασω
will prevent	κωλυσω
will sacrifice	θυσω
will save	σωσω
will say	λεξω
will stop	παυσω
will train	παιδευσω
will trust	πιστευσω
will want	ἐθελησω

80

wisdom	σοφια, σοφιας, ἡ
wise	σοφος, σοφη, σοφον
with	μετα
woman	γυνη, γυναικος, ἡ
word	λογος, λογου, ὁ
work	ἐργον, ἐργου, το
write	γραφω
wrote	ἐγραψα
you	ὑμεις
you (s.)	συ
young man	νεανιας, νεανιου, ὁ

ALSO AVAILABLE - IMPERIUM LATIN COURSE

The Imperium Latin course has been written for the twenty-first century; unique, highly resourced and written to make fullest use of modern technology. Its texts follow the life of the Emperor Hadrian, from his early childhood to his later years, as he became the most powerful man in the Roman world.

Imperium was released for general use in 2013, after a trialling period of six years. It consists of three course books, a Grammar and Syntax book, a puzzle book and the Imperium Latin Unseens collection for advanced users. All of these texts can be ordered through Amazon but are also available as pdf files in our Site Support Packs, which can be bought by schools. The three course books are also available as free of charge downloadable pdf files, from the TES Resources website.

For further details, see www.imperiumlatin.com

PUZZLE BOOKS FROM J-PROGS

These collections are aimed at those who want to have some fun with the languages they know and love. All of these books feature solutions at the back, for those who get stuck.

Tricky Greek Puzzles was written for those whose command of ancient Greek may allow them to enjoy its challenges - not for the faint-hearted. It includes 50 crosswords, sudokus, wordsearches and other brainteasers and is aimed at those who have studied the language for two or three years at least.

Easy Latin Puzzles was written after compiling three lists of words commonly used in a variety of Latin courses. It makes very limited use of word endings and includes a variety of challenges, including sudokus, word searches, Latin to English crosswords and English to Latin ones. The book features the full word lists at the back.

Tricky Latin Puzzles was written for students learning Latin today or for those to whom the good old days beckon. These 50 crossword puzzles, sudokus, wordsearches and other brainteasers should bring plenty of fun. It is aimed at those who have studied the language for two or three years at least.

Imperium Latin Puzzles was written for those who follow the Imperium Latin Course but could certainly be used by students of other courses. It contains 60 puzzles and features sudokus, word searches, Latin to English crosswords and English to Latin ones.

For details on how to get your copies, see www.j-progs.com

ABOUT THE AUTHOR

Julian Morgan served as a teacher and a Head of Classics for many years in the UK, before taking up a post in 2007 at the European School of Karlsruhe in Germany. Julian has devoted his entire career to finding new and original ways of teaching Latin and Greek.

Julian has written many educational software titles and books in the last 25 years, publishing many of these under the banner of his business, J-PROGS. He is well known in Classics teaching circles for his teacher training activities, not least in directing courses for the CIRCE Project, which has been part of the EU's Comenius programme since 2003. He has served twice as a Council member of the Joint Association of Classical Teachers and has also been a long-standing member on the Computing Applications Committee of the American Classical League.

He can often be found walking his dogs in the vineyards of Alsace, where he lives. You can find out more on Julian's Author Page: amazon.com/author/julianmorgan

Made in the USA
San Bernardino, CA
24 April 2016